Das große
Challenge Buch
für Katzen und ihre
Menschen

Laura Schmidt

FSC
www.fsc.org

MIX
Papier aus verantwortungsvollen Quellen
Paper from responsible sources
FSC® C105338

SCHENKE DIR UND DEINER KATZE DIE SCHÖNSTEN GEMEINSAME MOMENTE UND ERINNERUNGEN

Hey du! Ja, genau du — bereit für ein bisschen Magie in deinem Alltag mit deiner Katze? Dann hast du das richtige Buch in den Händen. Dies hier ist nicht irgendein gewöhnlicher Katzenratgeber. Nein, das hier ist dein Ticket für gemeinsame Erlebnisse, die du und dein schnurrender Freund nie vergessen werdet. Kurz gesagt: Dieses Buch ist ein Abenteuerspielplatz für dich und deine Katze.

Aber was macht das Zusammensein mit Katzen eigentlich so magisch? Ist es die Art, wie sie schnurrend auf deinem Schoß einschlafen, oder ihre unerschütterliche Entschlossenheit, wenn es darum geht, das rätselhafte rote Pünktchen zu jagen? Vielleicht ist es ihre unabhängige Natur, gepaart mit Momenten überraschender Zärtlichkeit, die uns immer wieder verzaubert.

In diesem Buch findest du eine Sammlung von Aktivitäten, die speziell dafür entwickelt wurden, die einzigartige Persönlichkeit deiner Katze zu feiern und gleichzeitig eure Bindung zu stärken. Dieses Buch hat alles, was ihr braucht, um gemeinsam Spaß zu haben und unvergessliche Erinnerungen zu schaffen. Denn am Ende des Tages ist es diese besondere Bindung, die zählt.

1

WAS DU BRAUCHST

Nicht viel, nur dieses Buch, eine Kamera oder dein Smartphone, um die Momente festzuhalten, Alltagsgegenstände und das ein oder andere Katzenspielzeug, das sowieso schon in deiner Wohnung verstreut liegt. Ach ja, und natürlich — deine Katze!

Für ein paar spezielle Herausforderungen benötigst du vielleicht ein paar zusätzliche Dinge, aber keine Sorge, alles, was du brauchst, ist einfach zu beschaffen. Ob in einem Laden um die Ecke oder mit einem Klick online, du findest schnell alles, was notwendig ist, um loszulegen. So kannst du dich voll und ganz auf den Spaß und die wertvolle Zeit mit deiner Katze konzentrieren.

SO FUNKTIONIERT'S

1. Wähle eine Challenge

Blättere durch das Buch und wähle eine Aktivität aus, die dich und deine Katze heute anspricht. Du kannst die Challenges in beliebiger Reihenfolge angehen — folge einfach eurer Neugier und Lust am Entdecken.

2. Gemeinsam erleben

Setzt die ausgewählte Aktivität gemeinsam um. Jede Seite bietet dir eine einfache, schrittweise Anleitung, die euch durch das Abenteuer führt. Das gemeinsame Erleben steht im Vordergrund, also genießt jede Minute.

3. Erinnerungen festhalten

Der besondere Clou: Auf der rechten Seite jeder Challenge ist Platz für ein Foto vorgesehen. Halte den magischen Moment fest, wenn deine Katze die Aktivität meistert oder ihr gemeinsam Spaß habt, und klebe das Bild ein.

SPIEL & SPAß

Bereit für Schnurrige Spielstunden? Hier dreht sich alles darum, wie du das Spielen mit deiner Katze zu einem bereichernden Erlebnis für euch beide machst. Spielen ist eine Kunst, die Verständnis und Einfühlungsvermögen für die natürlichen Jagdinstinkte deiner Katze erfordert. Entdecke, wie der Tagesrhythmus und die Stimmung deiner Katze das Spiel beeinflussen und wie du mit einfachen Mitteln großes Vergnügen bereiten kannst. Du lernst, das Spielzeug so einzusetzen, dass es die Aufmerksamkeit deiner Katze weckt und ihren Spieltrieb anregt. Mit alltäglichen Gegenständen kannst du spannende Spiele gestalten, die sowohl körperlich als auch geistig fordern.

DIE ULTIMATIVE KATZENFESTUNG

Verwandle die Kartons von deinen Online-Bestellungen in ein aufregendes Spiel- und Erkundungsparadies für deine Katze. Eine Festung mit mehreren Ebenen, Fenstern, Tunneln und Klappen bietet den perfekten Ort für Abenteuer.

DU BENÖTIGST:

- Eine Sammlung verschieden großer Kartons
- Eine Schere oder ein Cuttermesser für die feine Schnittarbeit
- Starkes Klebeband, um dein Bauwerk zusammenzuhalten

ANLEITUNG:

1. Planung: Überlege dir ein Layout mit Eingängen, Fenstern und Tunneln.

2. Ausschnitte: Schneide Öffnungen für Eingänge, Fenster, Klappen und Tunnel.

3. Verbindung: Nutze das Klebeband, um die Kartons sicher miteinander zu verbinden.

4. Entdeckung starten: Verwende Leckerlis oder Spielzeug, um deine Katze in die Festung zu locken.

TIPP

Dieses Projekt ist nicht nur ein riesengroßer Spaß
für deine Katze, sondern auch eine großartige
Möglichkeit, Kartons wiederzuverwenden und dabei
kreativ zu sein. Ein Gewinn für die Umwelt und ein
Königreich für deinen kleinen Tiger!

LASERPOINTER-JAGD MIT BELOHNUNG

Nutze den Laserpointer für ein interaktives Jagdspiel, das mit einem echten „Fang" endet. Dieses Spiel ist nicht nur ein Riesenspaß, sondern sorgt auch dafür, dass deine Katze am Ende nicht mit leeren Pfoten dasteht – ein wichtiges Detail, um Frustration zu vermeiden.

DU BENÖTIGST:

- Einen Laserpointer, um das Jagdfieber zu entfachen
- Ein paar Leckerlis oder ein kleines Spielzeug als Belohnung und Zeichen des Erfolgs

ANLEITUNG:

1. Spielbeginn: Bewege den Lichtpunkt langsam über Boden und Wände. Lass deine Katze dem Punkt hinterherjagen.

2. Jagdinstinkte wecken: Verändere die Bewegungen unvorhersehbar, um es spannend zu machen und die Flucht einer Beute zu simulieren.

3. Erfolgserlebnis schaffen: Beende das Spiel, indem du den Lichtpunkt auf ein Leckerli oder Spielzeug enden lässt. Dieses wird zur greifbaren Beute für den erfolgreichen Fang.

TIPP

Setze das Leckerli oder Spielzeug
gezielt ein, um deiner Katze zu zeigen,
dass jedes Spiel mit einem echten
Fang belohnt wird.

SCHNÜFFEL-PARCOURS

Fordere den Geruchssinn deiner Katze heraus und unterstütze gleichzeitig ihre geistige und körperliche Aktivität. Ein spannendes Spiel, das nicht nur unterhält, sondern auch eure Bindung stärkt.

DU BENÖTIGST:

- Eine Auswahl an kleinen Behältern oder Schachteln als Verstecke
- Katzenleckerlis oder ein bisschen Trockenfutter als verlockende Schätze
- Duftende Gegenstände, wie Katzenminze oder ein getragenes T-Shirt, um die Neugier zu wecken

ANLEITUNG:

1. Vorbereitung: Verteile die Behälter im Raum und leg hinein sowohl die duftenden Gegenstände als auch die Leckerlis.

2. Erkundung: Lade deine Katze zur Erkundung ein. Beobachte, wie sie schnüffelt und die Leckerlis findet.

3. Herausforderung steigern: Ändere die Anordnung und Düfte, um das Spiel bei jedem Durchgang spannend zu halten.

Beobahte genau, welche Düfte und
Verstecke deine Katze bevorzugt, und
passe den Parcours entsprechend an,
um ihn noch interessanter zu machen.

BÄLLEBAD-ABENTEUER

Schaffe ein buntes Bällemeer, das deine Katze zum Entdecken und Spielen einlädt. Dieses Bällebad-Abenteuer regt die Sinne an, fördert die Beweglichkeit und sorgt für ausgelassene Momente.

DU BENÖTIGST:

- Ein großes, flaches Behältnis oder eine saubere, große Kartonbox als Basis deines Bällebads
- Bunte, leichte Plastikbälle — katzensicher, damit das Vergnügen ungetrübt bleibt
- Eine Auswahl an Spielzeugen und Leckerlis, die wie Schätze unter den Bällen versteckt werden

ANLEITUNG:

1. Vorbereitung: Fülle das gewählte Behältnis mit den Plastikbällen, bis ein einladendes Bällemeer entsteht.

2. Überraschungselemente: Verstecke Katzenspielzeuge und Leckerlis zwischen den Bällen. Wähle Spielzeuge, die unterschiedliche Sinne ansprechen — knisternde, rollende oder duftende —, um die Neugier und den Jagdinstinkt deiner Katze zu wecken

3. Spielstart: Beobachte, wie deine Katze auf Entdeckungsreise geht. Die Bewegung der Bälle und das Auffinden von Spielzeugen wird sie zum Tauchen und Jagen animieren.

Biete nach dem Spiel eine Kuschel- oder Ruhezeit an. Das hilft deiner Katze, sich nach dem aufregenden Abenteuer zu entspannen und stärkt eure Bindung. Plus, es belohnt sie für ihr Engagement und ihre Entdeckungsfreude im Bällebad.

BETTLAKEN-HÜPFSPAß

Verwandle ein alltägliches Bettlaken in eine Quelle des Vergnügens und der Überraschung für deine Katze. Dieses Spiel basiert auf der Freude am gemeinsamen Lachen und der spielerischen Interaktion, bei der deine Katze im Mittelpunkt steht.

DU BENÖTIGST:

- Ein großes, robustes Bettlaken, das ein paar katzenleichte Sprünge aushält
- Eine zweite Person, die dir hilft, den Zauber zu entfachen
- Einen sicheren Ort für euer Spiel, wie das Bett oder eine andere weiche, gemütliche Unterlage

ANLEITUNG:

1. Vorbereitung: Breite das Bettlaken aus und locke deine Katze darauf. Ein sicherer, weicher Untergrund ist wichtig.

2. Springen lassen: Halte gemeinsam mit einer zweiten Person das Bettlaken an den Enden fest. Beginne vorsichtig, das Laken zu schütteln, sodass deine Katze sanft in die Luft hüpft. Die Bewegung sollte moderat sein, um Sicherheit und Spaß zu gewährleisten.

3. Beobachte die Reaktion: Nicht jede Katze mag das gleiche Maß an Bewegung. Achte auf die Zeichen deiner Katze, ob sie das Spiel genießt.

FUMMELBRETT:
EIN DIY-SPAß FÜR FINDIGE SAMTPFOTEN

Gestalte mit wenigen Handgriffen ein spannendes Fummelbrett, das die Neugier und die Sinne deiner Katze anregt. Einfach in der Herstellung, aber groß in der Wirkung!

DU BENÖTIGST:

- Ein großes, flaches Holzbrett oder Tablett als Fundament
- Kleine Bälle, Toilettenpapierrollen, Korken, Boxen für Hindernisse
- Katzenleckerlis oder Trockenfutter als Belohnung
- Schrauben für Holz oder ungiftiger Kleber für eine flexible Befestigung

ANLEITUNG:

1. Wähle ein Brett oder Tablett, und sorge mit einer rutschfesten Unterlage für einen sicheren Stand.

2. Befestige die Hindernisse sicher auf dem Brett — mit Schrauben bei einem Holzbrett für dauerhafte Stabilität oder alternativ mit ungiftigem Kleber.

3. Verstecke die Leckerlis unter, zwischen oder in den Hindernissen, um den Entdeckertrieb deiner Katze zu aktivieren.

TIPP

Ein Holzbrett und Schrauben bieten
den Vorteil, dass du das Brett leicht
umgestalten und reinigen kannst. So bleibt
das Spiel immer neu und interessant für
deine Katze.

17

WASSER-SPIEL – SPRITZIGES VERGNÜGEN

Dieses sanfte, aber spannende Abenteuer bietet eine einzigartige sensorische Erfahrung und fördert die Geschicklichkeit durch spielerisches Angeln.

DU BENÖTIGST:

- Eine flache Schale, eine große Auflaufform oder ein kleines Planschbecken
- Schwimmende Spielzeuge, leichte Plastikbälle oder andere "unsinkbare" Katzenspielzeuge

ANLEITUNG:

1. Wasser marsch: Fülle dein Gefäß mit klarem Wasser, sodass die Spielzeuge darauf tanzen können.

2. Schwimmende Schätze: Streue die Spielzeuge ins Wasser und schau, welche deiner Katze ins Auge springen.

3. Fischfang für Fortgeschrittene: Ermutige deine Katze, mit den Pfoten nach den Spielzeugen zu angeln. Das ist nicht nur unterhaltsam, sondern schärft auch ihre Reflexe.

4. Beobachte das Vergnügen: Lass dich von der Neugier und dem Eifer deiner Katze beim Wasserspiel begeistern.

TIPP

Ein Spritzer Katzenminzeöl auf einem
Spielzeug kann das Interesse noch
steigern. Wichtig: Das Spiel sollte immer
stressfrei und nach Lust der Katze
erfolgen. Kein Druck, nur Spaß!

VERSTECKSPIEL

Gib dem altbewährten Versteckspiel einen frischen Kick und stärke dabei spielerisch die Bindung zu deiner Katze. Dieses Spiel weckt auf unterhaltsame Weise die Jagdinstinkte deines Vierbeiners.

DU BENÖTIGST:

- Kissen für weiche Hindernisse
- Kartons und ein Handtuch für kreatives Verstecken

ANLEITUNG:

1. Dein Versteck: Wähle einen Ort hinter Möbeln oder in einem anderen Raum. Kissen dienen als zusätzliche Barrieren und machen die Suche spannender.

2. Lockruf: Falls deine Katze einen Anstoß braucht, ruf sie herbei. Ein Lob oder Leckerli wartet bei erfolgreicher Suche.

3. Rollenwechsel: Katzen lieben es, sich selbst zu verstecken. Nutze Kartons oder drapiere ein Handtuch über einen Tisch, um ihr eigene Versteckmöglichkeiten zu bieten. Achtung: Beim Vorbeigehen könnten spielerische Angriffe folgen!

Achte auf die Reaktion deiner Katze, um das Spiel je nach Vorliebe anzupassen. Dieses Spiel stärkt nicht nur die Bindung, sondern regt auch den Spieltrieb und die Neugier deiner Katze an.

KNISTER-KISTE -DAS RASCHELNDE FUTTERVERGNÜGEN

Verwandle die Fütterungszeit deiner Katze in ein aufregendes Abenteuer. Mit der Knister-Kiste wird jede Mahlzeit zu einem entdeckungsreichen Suchspiel, das nicht nur den Jagdtrieb weckt, sondern auch für geistige Anregung sorgt.

BENÖTIGTES MATERIAL:

- Eine kleine, flache Box (z.B. ein Schuhkarton)
- Altpapier oder Zeitungspapier
- Trockenfutter oder Katzenleckerlis

SPIELGESTALTUNG:

1. Startklar machen: Fülle die Box mit zerknülltem Papier. Es sollte genug sein, um die Box zu füllen, aber nicht so viel, dass es übersteht.

2. Versteckspiel: Verteile Trockenfutter oder Leckerlis über dem Papier. Ein leichtes Schütteln der Box hilft, das Futter unter das Papier zu mischen.

3. Auf die Plätze, fertig, schnüffeln! Platziere die Box am Boden und beobachte, wie deine Katze mit Neugier und Geschick die Leckerlis erobert. Die knisternden Geräusche erhöhen den Reiz und das Vergnügen.

TIPP

Um das Spiel frisch und interessant
zu halten, verändere gelegentlich
die Menge und Art des Papiers
oder die Größe der Box.

WELCHE PFOTE? -
HÜTCHENSPIEL FÜR KATZEN

Fordere den Verstand und die Entscheidungsfähigkeit deiner Katze mit einem einfachen, aber fesselnden Ratespiel heraus. Dieses Spiel schärft die Beobachtungsgabe deiner Katze und belohnt sie für ihre Klugheit und Geschicklichkeit.

DU BENÖTIGST:

- Katzenleckerlis
- Optional: Zweite Person für die erweiterte Spielvariante

SPIELGESTALTUNG:

1. Vorbereitung: Verstecke ein Leckerli in einer deiner Hände und forme beide Hände zu Fäusten.

2. Spielbeginn: Halte deine geschlossenen Hände deiner Katze hin und frage: „Welche Pfote?". Gib ihr Zeit, nachzudenken und eine Hand mit ihrer Pfote auszuwählen.

3. Auflösung: Wenn deine Katze die Hand mit dem Leckerli wählt, öffne sie und lass sie das Leckerli nehmen. Falls sie sich irrt, sage „Nein" und lass sie erneut wählen. Achte darauf, dass sie am Ende immer das Leckerli bekommt, um Frustration zu vermeiden.

4. Für mehr Herausforderung und Spaß: Hol dir eine zweite Personen, die mitmacht, sodass deine Katze zwischen vier Händen wählen muss.

TIPP

Beobachte, ob deine Katze bestimmte Hinweise nutzt, um die richtige Hand auszuwählen, und versuche, das Spiel unberechenbar zu halten.

KARTON-LABYRINTH

Erschaffe mit einfachen Mitteln ein Labyrinth aus Kartons, das deine Katze zu spannenden Erkundungstouren einlädt. Ein perfektes DIY-Projekt für neugierige Samtpfoten.

WAS DU BRAUCHST:

- Mehrere stabile Kartons
- Eine Schere oder einen Cutter

BAUANLEITUNG:

1. Türen und Gänge: Schneide Öffnungen in die Kartons, die als Eingänge und Ausgänge dienen.

2. Labyrinth erstellen: Verbinde die Kartons so, dass ein aufregendes Labyrinth entsteht.

3. Erkundungsreiz: Verwende Leckerlis oder Spielzeug, um deine Katze ins Labyrinth zu locken.

TIPP

Beobachte deine Katze beim Erkunden und erweitere das Labyrinth stückweise, um den Spielspaß kontinuierlich zu steigern.

TIPP

Mit diesem einfachen, aber effektiven Spiel
wird die Futterzeit zu einem interaktiven
Abenteuer, das deine Katze sowohl geistig
als auch körperlich herausfordert.

DOSEN-TURM – KLINGENDES CHAOS

Mit dem Dosen-Turm fordern wir den Entdecker in deiner Katze heraus. Eine spielerische Mission, bei der Geschick auf Neugier trifft und der Triumph im klangvollen Einsturz eines Turms aus Konservendosen liegt.

DU BENÖTIGST:

- Mehrere leere, saubere Konservendosen (oder alternativ Plastikdosen)
- Eine feste Unterlage (optional)

ANLEITUNG:

1. Vorbereitung: Stelle sicher, dass alle Dosen sauber und frei von scharfen Kanten sind, um Verletzungsgefahren zu vermeiden.
2. Turmbau: Staple die Dosen in einer Pyramidenform oder einer anderen stabilen Konstruktion auf einer ebenen Fläche. Du kannst mit einer Basis von drei oder vier Dosen beginnen und dich nach oben arbeiten.
3. Erkundung freigeben: Lass deine Katze den Turm entdecken. Einige Katzen nähern sich vorsichtig und untersuchen das neue Objekt, während andere direkt zum spielerischen Angriff übergehen.
4. Einsturz und Wiederholung: Nach dem spektakulären Einsturz – sammle die Dosen wieder ein und baue den Turm neu auf, falls deine Katze weiteres Interesse zeigt.

TIPP

Füge ein paar Leckerlis zwischen die Dosen, um die Neugier deiner Katze weiter zu steigern und sie zu ermutigen, den Turm vorsichtig zu erkunden. Dies kann auch dazu beitragen, dass schüchterne oder zurückhaltende Katzen sich dem Turm nähern.

MAGISCHER SPIEGEL - EIN FENSTER ZUR NEUGIER

Wecke die Neugier deiner Katze mit einem einfachen, aber faszinierenden Experiment: dem Spiegel-Zauberei-Spiel. Sieh zu, wie sie auf die Entdeckung ihres eigenen Spiegelbilds reagiert.

WAS DU BRAUCHST:

- Einen großen Spiegel

SO GEHT'S:

1. Sicherer Stand: Stelle den Spiegel vorsichtig auf den Boden, sodass er nicht umkippen kann.

2. Entdeckungszeit: Lass deine Katze den Spiegel auf eigene Faust erkunden.

TIPP

Katzen zeigen unterschiedlichste Reaktionen auf ihr Spiegelbild — von fasziniert bis gleichgültig. Beide Reaktionen sind normal und bieten spannende Einblicke in ihre Persönlichkeit.

KATZENGRAS-GARTEN

Ein grüner Daumen für Katzenglück: Pflanze Katzengras in einem kleinen Topf, um deiner Katze frisches Grün anzubieten.

DU BENÖTIGST:
- Katzengras-Samen
- Topf und Erde

SO GEHT'S:
1. Säe die Samen gemäß Anleitung.
2. Stelle den Topf an einen sonnigen Platz.
3. Lass deine Katze das Gras entdecken, sobald es gewachsen ist.

TIPP

Katzengras ist nicht nur
sicher für Katzen, sondern
hilft auch ihrer Verdauung.

33

MODE-SHOW – STILVOLLE VIERBEINER

Verleihe deiner Katze einen Hauch von Eleganz mit einer DIY-Mode-Show. Nutze alte Stoffreste oder Socken, um schicke Accessoires wie Schals oder Fliegen zu kreieren. Eine lustige und liebevolle Art, deine Katze in den Mittelpunkt zu stellen – immer mit dem Wohlbefinden deines tierischen Models im Vordergrund."

WAS DU BRAUCHST:

- Alte Stoffreste oder Socken
- Schere
- Sichere, katzenfreundliche Befestigungsmaterialien (wie weiches Gummiband)

ANLEITUNG:

1. Kreation der Accessoires: Schneide die Stoffreste oder Socken zurecht, um kleine, katzensichere Accessoires zu erstellen. Achte auf weiche Kanten und vermeide enge Passformen.

2. Anprobe: Gewöhne deine Katze langsam und mit viel Geduld an das Tragen der Accessoires. Belohne sie mit Leckerlis und positiver Verstärkung.

3. Die Show: Sobald deine Katze sich wohl fühlt, veranstalte eine kleine Mode-Show. Nutze einen ruhigen Raum als "Laufsteg" und lass deine Katze ihr neues Outfit präsentieren.

4. Fotoshooting: Halte die glamourösen Looks deiner Katze in einer lustigen Fotosession fest.

Respektiere immer die Grenzen deiner Katze und zwinge sie nicht in Outfits, die ihr Unbehagen bereiten. Das Ziel ist Spaß und nicht Stress. Für schüchterne Katzen können auch einfache, locker sitzende Accessoires wie ein kleines Bandana eine gute Alternative sein.

FLASCHENDREHEN FÜR KATZEN

Biete deiner Katze eine spannende und interaktive Möglichkeit, sich ihre Leckerlis zu erarbeiten. Dieses Spiel regt nicht nur zum Nachdenken an, sondern fördert auch die Geschicklichkeit.

WAS DU BRAUCHST:

- Eine Plastikflasche
- Katzenleckerlis

ANLEITUNG:

1. Bohre kleine Löcher in die Plastikflasche, groß genug, dass Leckerlis durchpassen können.

2. Fülle die Flasche mit einigen Leckerlis.

3. Zeige deiner Katze, wie sie die Flasche drehen und kippen kann, um sich die Leckerlis zu verdienen.

PUZZLE-BOX

Steigere die Problemlösungsfähigkeiten deiner Katze mit einer einfachen DIY-Puzzle-Box. Perfekt, um den Geist zu aktivieren und gleichzeitig Spaß zu haben.

DU BENÖTIGST:

- Schuhbox oder ähnliche Box mit Deckel
- Schere oder Cutter
- Katzenleckerlis

ANLEITUNG:

1. Schneide Löcher in den Deckel der Box. Achte darauf, dass die Löcher groß genug sind, damit deine Katze ihre Pfoten hindurchstecken kann, aber klein genug, um das Herausholen der Leckerlis zur Herausforderung zu machen.

2. Verstecke Leckerlis in der Box. Du kannst die Leckerlis direkt auf den Boden der Box legen oder sie in kleine Spielzeuge oder zusätzliche kleine Behälter innerhalb der Box verstecken, um die Aufgabe anspruchsvoller zu gestalten.

3. Beobachte, wie deine Katze spielerisch die Leckerlis ergattert.

KARTON-PARADIES

Das Karton-Paradies lädt deine Katze auf eine spannende Entdeckungsreise ein. Sammle einen gemütlichen Nachmittag lang Kartons aller Art und biete deiner Fellnase die ultimative Auswahl. Welcher Karton wird zum neuen Lieblingsplatz gekürt?

DU BENÖTIGST:

- Verschiedene Kartons in unterschiedlichen Größen und Formen
- Schere, um Eingänge oder Fenster zu schneiden (optional)

ANLEITUNG:

1. Vorbereitung: Sammle Kartons und stelle sicher, dass sie sauber und sicher sind. Entferne jegliches Klebeband oder Klammern, die deine Katze verletzen könnten.

2. Auswahl treffen: Präsentiere deiner Katze nacheinander die Kartons, indem du sie im Raum verteilst. Gib ihr Zeit, jeden Karton zu erkunden. Sieh zu, wie deine Katze die Kartons untersucht. Manche Katzen bevorzugen große, geräumige Kartons, während andere sich in kleinen, gemütlichen Boxen wohler fühlen.

3. Anpassungen vornehmen: Schneide in die Kartons, die deine Katze bevorzugt, Eingänge oder Fenster, um sie noch einladender zu machen.

TIPP

Experimentiere mit der Platzierung der Kartons in verschiedenen Bereichen deines Zuhauses. Manche Katzen bevorzugen ruhige Ecken, andere mögen es, ihre Umgebung von einem zentralen Punkt aus zu überwachen.

DER SCHWEBENDE LECKERBISSEN

Mit dem Snackball am Seil wird jede Mahlzeit zu einem spannenden Spiel. Befülle einen leichten Ball mit Trockenfutter, hänge ihn an einer Schnur auf und beobachte, wie deine Katze mit Geschick und Spaß ihr Futter erarbeitet.

DU BENÖTIGST:

- Einen kleinen, leichten Ball
- Trockenfutter für Katzen
- Eine Schnur
- Etwas, woran die Schnur befestigt werden kann (z.B. ein Türgriff)

ANLEITUNG:

1. Vorbereitung: Mach im Ball ein paar kleine Löcher, groß genug, dass das Trockenfutter durchfallen kann, aber klein genug, um nicht sofort alles freizugeben.

2. Befüllen: Fülle den Ball mit Trockenfutter. Die Menge hängt davon ab, wie lange du möchtest, dass das Spiel dauert.

3. Aufhängen: Befestige die Schnur am Ball und dann in angemessener Höhe an einem Türgriff oder einem anderen stabilen Punkt, so dass der Ball frei schweben kann.

4. Spielstart: Zeige deiner Katze den Ball und wie sie ihn schlagen kann, um das Futter freizusetzen. Einige Katzen brauchen vielleicht ein paar Versuche, um es herauszufinden, aber bald wird der Jagdinstinkt siegreich sein.

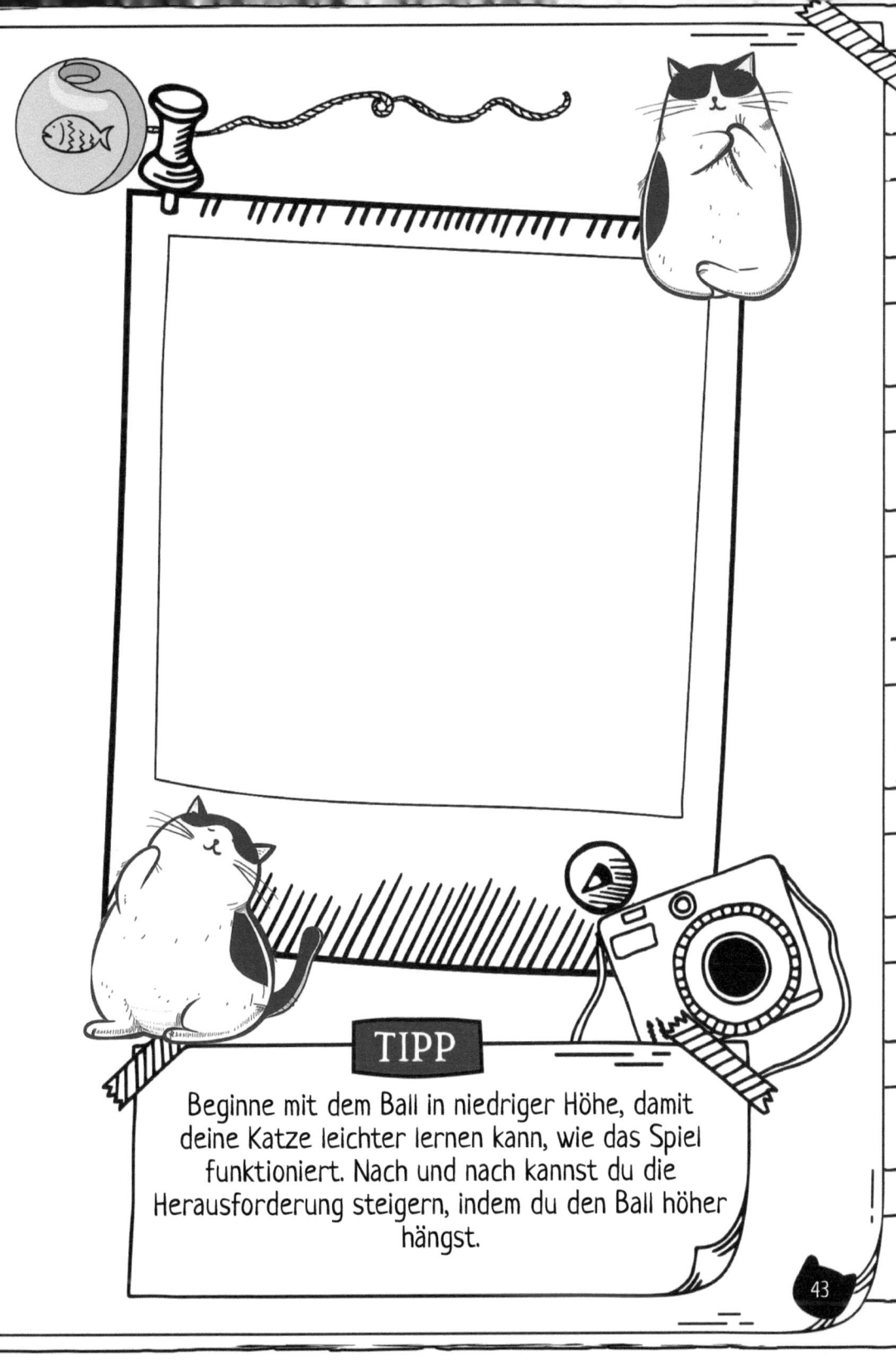

TIPP

Beginne mit dem Ball in niedriger Höhe, damit deine Katze leichter lernen kann, wie das Spiel funktioniert. Nach und nach kannst du die Herausforderung steigern, indem du den Ball höher hängst.

TRAINING
& TRICKS

In dieser Kategorie dreht sich alles um die spielerische Förderung der Intelligenz deiner Katze. Hier lernst du, wie du mit einem Clicker nicht nur beeindruckende Tricks beibringen, sondern auch alltägliches Verhalten positiv beeinflussen kannst.

Diese Methoden stärken die Bindung zwischen dir und deiner Katze und sorgen gleichzeitig für Abwechslung und Spaß im Katzenalltag. Es geht nicht nur darum, Kommandos zu lernen, sondern auch um Verständnis und Kommunikation auf einer ganz neuen Ebene. Entdecke, wie du die natürlichen Fähigkeiten deiner Katze spielerisch fördern und euer Zusammenleben bereichern kannst.

HIGH FIVE MIT PFÖTCHEN

Lehre deine Katze ein entspanntes High Five als Zeichen der Freundschaft und des Vertrauens.

DU BENÖTIGST:

- Lieblings Leckerlis deiner Katze
- Clicker

ANLEITUNG:

1. Clicker-Verständnis: Zu Beginn kurz clicken und sofort ein Leckerli reichen, damit deine Katze lernt, dass der Clicker etwas Positives ankündigt.

2. Aktion einführen: Halte ein Leckerli in deiner geschlossenen Hand. Neugierig wird deine Katze versuchen, mit ihrer Pfote danach zu tapsen. Genau in diesem Moment klickst du und öffnest die Hand für die Belohnung.

3. Befehl etablieren: Wiederhole diesen Vorgang und führe dabei das Kommando „High Five" ein. Mit jeder Wiederholung lernt sie, dass das Heben der Pfote zum gewünschten High Five führt.

4. Übung und Geduld: Kurze, aber regelmäßige Übungseinheiten helfen, ohne dass deine Katze das Interesse verliert.

TIPP

Bleibe geduldig und positiv. Jede Katze lernt in ihrem eigenen Tempo. Feiere auch die kleinen Erfolge, denn jedes gelungene High Five ist ein Schritt in die richtige Richtung.

IN DIE TRANSPORTBOX AUF KOMMANDO

Mache die Transportbox zu einem willkommenen Ort für deine Katze, indem sie lernt, auf Kommando hineinzugehen.

DU BENÖTIGST:

- Eine Transportbox
- Lieblings Leckerlis deiner Katze.

ANLEITUNG:

1. Positive Assoziation schaffen: Platziere die Transportbox offen und zugänglich im Wohnbereich. Leg hin und wieder ein Leckerli hinein, ohne deine Katze direkt dazu zu drängen, sie zu erkunden. Dies baut eine positive Verbindung auf.

2. Schrittweise Annäherung: Sobald deine Katze sich der Box ohne Zögern nähert, beginne, das Kommando „Box" einzuführen, während sie hineingeht, um das Leckerli zu holen. Click und Belohnung folgen sofort.

3. Kommando verstärken: Wiederhole den Vorgang regelmäßig, erhöhe allmählich die Distanz zwischen deiner Katze und der Box, wenn du das Kommando gibst. Ziel ist, dass sie aus verschiedenen Teilen des Raumes auf das Kommando hin in die Box geht.

4. Geduld und Konsequenz: Verliere nicht den Mut, wenn Fortschritte langsam erscheinen. Jede Katze hat ihr eigenes Lerntempo. Konstantes Üben und positive Verstärkung werden langfristig zum Erfolg führen.

TIPP

Mach die Box so bequem wie möglich, mit weichen Decken oder einem ihrer Lieblingsspielzeuge, um die Anziehung noch zu verstärken.

KATZENGYMNASTIK - SLALOMLAUF

Verbessere die Beweglichkeit und Koordination deiner Katze mit einem unterhaltsamen Slalomlauf.

DU BENÖTIGST:

- Gegenstände wie Bücher, Kissen oder kleine Hürden, um einen Parcours zu erstellen
- Spielzeug oder Leckerli zur Motivation

ANLEITUNG:

1. **Parcours aufbauen:** Platziere die Gegenstände in einem leichten Zickzack-Muster auf dem Boden, um den Slalomparcours zu kreieren. Starte mit ausreichend Abstand zwischen den Hindernissen, um deiner Katze das Durchlaufen zu erleichtern.

2. **Motivation:** Zeige deiner Katze das Spielzeug oder Leckerli, um ihr Interesse zu wecken. Führe sie am Anfang des Parcours langsam durch die Slalomstrecke, indem du das Spielzeug oder Leckerli in der Hand hältst.

3. **Training:** Mit jeder Wiederholung wird deine Katze vertrauter mit der Aufgabe. Erhöhe allmählich das Tempo und den Schwierigkeitsgrad, indem du die Abstände zwischen den Hindernissen verringerst.

4. **Belohnung:** Vergiss nicht, deine Katze nach jedem erfolgreichen Durchlauf zu loben und zu belohnen.

TIPP

Achte darauf, dass der Untergrund rutschfest ist, um die Sicherheit deiner Katze zu gewährleisten. Mit Kreativität und Geduld wird der Slalomlauf schnell zu einem spannenden Teil eurer täglichen Spielroutine.

SPRINGEN AUF KOMMANDO

Steigere die Sprungkraft und Agilität deiner Katze durch das Springen auf verschiedene Plattformen oder über Hindernisse auf dein Kommando.

DU BENÖTIGST:

- Verschiedene sichere und stabile Plattformen oder Hindernisse
- Lieblingsleckerlis deiner Katze für die Belohnung

ANLEITUNG:

1. **Vorbereitung:** Positioniere die Plattformen oder Hindernisse mit genügend Raum dazwischen. Sorge für eine sichere Umgebung, um Verletzungen zu vermeiden.

2. **Einführung:** Zeige deiner Katze das Leckerli und führe sie zum niedrigsten Hindernis. Ermutige sie sanft, darauf oder darüber zu springen, indem du das Leckerli auf der anderen Seite hältst.

3. **Kommando einführen:** Sobald deine Katze Interesse zeigt und bereit ist zu springen, füge ein klares Kommando wie „Spring" hinzu. Nach erfolgreichem Sprung sofort belohnen.

4. **Steigerung:** Erhöhe allmählich die Höhe der Sprünge oder die Komplexität des Parcours. Wiederhole das Kommando und belohne jeden erfolgreichen Sprung.

TIPP

Bleib geduldig und positiv. Nicht jede Katze springt gerne oder kann sofort hohe Sprünge meistern. Feiere kleine Fortschritte und passe die Schwierigkeitsgrade individuell an deine Katze an.

EIN LÄUTEN FÜR LECKERLIS

Bring deiner Katze bei, mit einer Klingel Futterwünsche zu äußern. Diese Methode fördert nicht nur die Kommunikation zwischen dir und deiner Katze, sondern macht auch jede Mahlzeit zu einem kleinen Erfolgserlebnis.

DU BENÖTIGST:

- Eine einfache Klingel
- Katzenleckerlis

ANLEITUNG:

1. Stelle die Klingel in der Nähe des Futternapfes auf. Lock deine Katze heran und zeige ihr durch Vormachen, wie die Klingel funktioniert. Vielleicht tippst du leicht dagegen, sodass sie das Geräusch hört.

2. Wenn deine Katze Interesse zeigt, motiviere sie, die Klingel selbst zu betätigen. Das kann durch sanftes Führen ihrer Pfote oder durch Neugierde geschehen.

3. Bei jedem erfolgreichen Läuten sofort mit einem Leckerli belohnen. Das klare Signal „Läuten bedeutet Leckerli" wird schnell verstanden.

Beginne einfach und baue nach und nach auf komplexere Aufgaben auf, wie das Verwenden von verschiedenen Klängen für verschiedene Aktivitäten. Die Geduld zahlt sich aus, und bald schon wird deine Katze mit einem freudigen Läuten nach dir rufen

PLATZ - EIN SICHERER HAFEN FÜR DEINE KATZE

"Platz" ist nicht einfach nur ein Trick, sondern ein unschätzbar wertvolles Kommando. Du kannst dadurch z.B. deine Katze davon abhalten durch die offene Haustür wegzulaufen oder für Katzen gefährliche Lebensmittel vom Boden zu essen.

DU BENÖTIGST:

- Eine Matte oder ein Bett, das als spezieller Ruheplatz dient
- Katzenleckerlis
- Clicker (optional)

ANLEITUNG:

1. **Platzwahl:** Lege die Matte an einem strategischen Ort, wie dem Eingang zur Küche, um eine klare Grenze zu setzen.

2. **Interesse wecken:** Zeige deiner Katze die Matte und belohne jedes Interesse daran mit Leckerlis, um eine positive Verbindung aufzubauen.

3. **Clicker verwenden:** Sobald deine Katze die Matte erkundet, nutze den Clicker, um ihr Interesse zu markieren, gefolgt von einem Leckerli. Dies hilft, das positive Verhalten deutlich zu verstärken.

4. **Kommando einführen:** Wenn deine Katze sich auf der Matte entspannt, führe das Kommando „Platz" ein. Belohne sie für das Bleiben auf der Matte, besonders während der Küchenzeiten.

TIPP

Starte in einer ruhigen Umgebung und
bleibe konsequent. So wird „Platz"
schnell zu einem positiven und sicheren
Rückzugsort für deine Katze.

ROLL-OVER

Lehre deine Katze, sich auf dein Kommando hin zu rollen. Dieses kleine Kunststück macht Spaß und verbessert zugleich die Beweglichkeit deiner Katze, während es eure Bindung stärkt.

DU BENÖTIGST:

- Leckerlis

ANLEITUNG:

1. Beginne, indem du deine Katze mit einem Leckerli dazu bringst, sich hinzulegen.

2. Halte das Leckerli nahe an ihre Nase und führe es langsam in eine Richtung, die sie natürlich in eine Rollbewegung übergehen lässt.

3. Sobald sie die Rollbewegung auch nur ansatzweise macht, gib das Leckerli als Belohnung.

4. Wiederhole diesen Vorgang, bis sie die vollständige Rollbewegung ausführt. Gib das Kommando „Rolle", während sie die Bewegung macht, damit sie das Kommando mit der Aktion verbindet.

5. Übe in kurzen, positiven Trainingseinheiten, um Überforderung zu vermeiden.

TIPP

Sei geduldig und feiere jedes noch so kleine Erfolgserlebnis. Nicht alle Katzen nehmen solche Tricks sofort an, aber mit Konsequenz und positiver Verstärkung kannst du großartige Ergebnisse erzielen.

STUPS DIE NASE

Trainiere deine Katze, auf sanfte Weise mit ihrer Nase Kontakt aufzunehmen. Dies fördert die Berührungsempfindlichkeit und stärkt die Kommunikation zwischen dir und deiner Katze.

DU BENÖTIGST:

- Ein Leckerli oder ein kleines Spielzeug

ANLEITUNG:

1. Halte das Leckerli oder Spielzeug fest in deiner Handfläche, so dass es teilweise sichtbar ist.

2. Zeige es deiner Katze und warte, bis sie neugierig wird und versucht, es mit der Nase zu berühren.

3. Sobald sie deine Hand sanft mit der Nase stupst, öffne die Hand und gib ihr das Leckerli als Belohnung.

4. Wiederhole diesen Vorgang und ermutige jedes Mal sanften Nasenkontakt. Das hilft, die Feinmotorik und das Verständnis für sanfte Berührungen zu verbessern.

TIPP

Dieses Spiel lässt sich hervorragend nutzen, um deiner Katze beizubringen, auf sanfte Weise um Leckerlis oder Aufmerksamkeit zu bitten. Es ist eine hervorragende Übung zur Förderung der Geduld und des vorsichtigen Umgangs.

GESUNDHEIT & WOHLBEFINDEN

In einer Welt, die sich ständig wandelt und oft genug Stress für zwei Beine bereithält, ist das Wohlbefinden unserer vierbeinigen Gefährten ein Anker der Ruhe und des Glücks. Dieses Kapitel widmet sich ganz der Gesundheit und dem Wohlbefinden deiner Katze — von der sanften Pflege über nährstoffreiche Leckereien bis hin zu beruhigenden Klängen und gemeinsamen Entspannungsmomenten.

Wir laden dich ein, durch eine Reihe liebevoll ausgewählter Aktivitäten die tiefe Verbindung zu deinem pelzigen Freund zu stärken und gleichzeitig einen Beitrag zu seiner Gesundheit und Zufriedenheit zu leisten.

Tauche ein in eine Welt, in der sanfte Berührungen, harmonische Melodien und die Freude am gemeinsamen Sein nicht nur das Herz deiner Katze erwärmen, sondern auch das deine.

EIN PLATZ AN DER SONNE

Kreiere eine Sonnen-Oase, die deiner Katze Wärme und Wohlbefinden schenkt. Finde einen sonnigen Fleck in deinem Zuhause, richte ein kuscheliges Plätzchen mit Decken oder einem weichen Kissen ein und lade so zum Entspannen und Vitamin-D-Tanken ein.

DU BENÖTIGST:

- Weiche Decke oder Kissen
- Sonniger Platz im Haus

ANLEITUNG:

1. Wähle einen Ort, der tagsüber viel Sonnenlicht bekommt.

2. Breite eine weiche Decke oder ein Kissen aus.

3. Beobachte, wie deine Katze das neue Plätzchen entdeckt und genießt.

TIPP

Achte darauf, dass der Sonnenplatz sicher ist und keine Gefahr durch Überhitzung besteht. Biete auch einen Schattenplatz an, damit deine Katze wählen kann.

WELLNESS-TAG DELUXE

Gestalte einen Wellness-Tag Deluxe für deine Katze, der über eine sanfte Massage und Fellpflege hinausgeht. Ergänze das Programm mit einer entspannenden Musiksession, einem speziellen Gourmet-Snack und einem ruhigen Nickerchen in der Sonnenplatz-Oase. Dies stärkt nicht nur die Bindung, sondern fördert auch das Wohlbefinden deiner Katze auf allen Ebenen.

DU BENÖTIGST:

- Bürste oder Kamm für die Fellpflege
- Weiche Decke oder Handtuch
- Entspannende Musik für Katzen
- Gourmet-Snack für Katzen

ANLEITUNG:

1. Beginne mit einer sanften Massage oder Bürstung, achte auf die Reaktion deiner Katze.

2. Spiele leise, beruhigende Musik, um eine entspannte Atmosphäre zu schaffen.

3. Biete einen gesunden Gourmet-Snack als besonderen Leckerbissen an.

4. Richte ein kuscheliges Plätzchen in einem sonnigen oder ruhigen Bereich für ein erholsames Nickerchen ein.

TIPP

Beobachte deine Katze genau, um sicherzustellen, dass sie jede Aktivität genießt. Die Entspannung sollte im Vordergrund stehen; zwing sie zu nichts, was Unbehagen auslöst.

JAGD NACH DEM SCHILLERNDEN ZAUBER

Die Luftblasen-Jagd ist eine faszinierende Aktivität, die die Welt deiner Katze mit visueller und körperlicher Stimulation bereichert. Mit ungiftigen Seifenblasen erzeugst du einen Schwarm schwebender, schillernder Wunder, die die Jagdinstinkte deiner Katze wecken.

DU BENÖTIGST:

- Katzensichere Seifenblasenlösung
- Seifenblasenstab oder -pistole

ANLEITUNG:

1. Wähle einen sicheren, offenen Bereich ohne zerbrechliche Gegenstände.

2. Tauche den Seifenblasenstab in die Lösung und erzeuge sanft Blasen, die durch die Luft schweben.

3. Beobachte, wie deine Katze den faszinierenden Blasen nachjagt und versucht, sie zu fangen.

TIPP

Veranstalte die Luftblasen-Jagd in unterschiedlichen Lichtverhältnissen, um den Effekt der schillernden Farben zu maximieren. Achte darauf, dass die Spielzeit moderat ist, um Überanstrengung zu vermeiden.

KLANGREISE INS GRÜNE

Ein akustisches Abenteuer entführt deine Katze in eine Welt voller beruhigender Klänge. Durch das Abspielen von sanften Naturgeräuschen oder speziell für Katzen komponierter Musik schaffst du eine Atmosphäre, die nicht nur entspannend wirkt, sondern auch die natürliche Neugier und das Wohlbefinden deiner Katze fördert.

DU BENÖTIGST:

- Abspielgerät (Smartphone, Tablet, Computer)
- Playlist mit Naturgeräuschen oder Musik für Katzen

ANLEITUNG:

1. Suche nach speziellen Playlists oder Aufnahmen, die für die akustische Stimulation von Katzen entwickelt wurden.

2. Wähle eine ruhige Zeit und einen gemütlichen Ort in deinem Zuhause, um die Musik oder Geräusche abzuspielen.

3. Beobachte die Reaktion deiner Katze auf die verschiedenen Klänge und finde heraus, welche Töne sie besonders mag.

TIPP

Experimentiere mit verschiedenen Arten von
Geräuschen, um herauszufinden, was deine Katze
am meisten genießt. Manche Katzen bevorzugen das
Plätschern eines Baches, andere reagieren positiv
auf Vogelgesang oder das Rauschen von Blättern.

FESTMAHL FÜR FEINSCHMECKER

Ein Gourmet-Dinner verwandelt den Fressnapf deiner Katze in ein Sternelokal. Verwöhne sie mit einem exquisiten Menü aus frischem Lachs oder Thunfisch, ergänzt durch gekochtes Hühnchen und dekorativem Katzengras. Ein kulinarisches Highlight, das die Geschmackssinne deiner Katze verwöhnt und ihr zeigt, wie besonders sie ist.

DU BENÖTIGST:

- Frischer Lachs oder Thunfisch
- Gekochtes Hühnchen (ohne Gewürze)
- Katzengras
- Fressnapf

ANLEITUNG:

1. Koche den Lachs oder Thunfisch und das Hühnchen gründlich, bis alles gut durch ist. Vermeide die Verwendung von Gewürzen oder Ölen.

2. Lass das Essen abkühlen, bevor du es in kleine, katzenfreundliche Stücke schneidest.

3. Arrangiere die Zutaten appetitlich im Napf deiner Katze und garniere das Ganze mit einem Hauch von frischem Katzengras.

4. Beobachte, wie deine Katze das Gourmet-Dinner genießt und gib ihr die Zeit, jede Geschmacksnuance auszukosten.

TIPP

Achte darauf, das Gourmet-Dinner nur gelegentlich anzubieten, um die tägliche Ernährung deiner Katze nicht zu stören. Es ist ein besonderer Leckerbissen, der für besondere Momente reserviert sein sollte.

KINOABEND FÜR SAMTPFOTEN

Gönne deiner Katze einen besonderen Kinoabend mit einer Auswahl an Videos und Filmen, die speziell ihre Aufmerksamkeit erregen. Neben faszinierenden Szenen von Vögeln, Fischen oder Mäusen, könntest du auch Filme wählen, in denen Katzen die Hauptrolle spielen. Vergiss nicht, deiner Katze währenddessen einige ihrer Lieblingssnacks zu servieren.

DU BENÖTIGST:
- Tablet oder Fernseher
- Videos und Filme für Katzen
- Katzensnacks

ANLEITUNG:
1. Wähle eine Mischung aus Naturvideos und Katzenfilmen.

2. Richte eine bequeme Ecke ein, idealerweise mit einem weichen Kissen oder einer Decke.

3. Starte die Vorstellung und lass deine Katze die verschiedenen Szenen entdecken.

4. Belohne sie mit Snacks für ihre Aufmerksamkeit und Neugier.

TIPP

Experimentiere mit verschiedenen Inhalten, um herauszufinden, was deine Katze am meisten anspricht, und mach den Filmabend zu einem festen Ritual, das ihr beide genießen könnt.

GRÜNE OASE FÜR STUBENTIGER

Schaffe einen privaten Gartenbereich, der deiner Katze sicheren Zugang zur frischen Luft bietet. Ein kleiner, eingezäunter Bereich im Garten oder auf dem Balkon wird so zur persönlichen Oase, komplett mit katzenfreundlichen Pflanzen und einem Brunnen für frisches Wasser. Hier kann deine Katze die Außenwelt erkunden, ohne dass du dir Sorgen um ihre Sicherheit machen musst.

DU BENÖTIGST:
- Einfriedungsmaterialien (Netz, Zaun)
- Katzenfreundliche Pflanzen
- Kleiner Brunnen oder Wasserschale

ANLEITUNG:
1. Wähle einen geeigneten Bereich im Garten oder auf dem Balkon.

2. Sichere den Bereich mit einer Einfriedung, um ein Entwischen zu verhindern.

3. Pflanze katzenfreundliche Gewächse wie Katzengras oder Baldrian.

4. Stelle einen kleinen Brunnen oder eine Wasserschale für frisches, fließendes Wasser bereit.

TIPP

Achte darauf, dass alle Pflanzen sicher für Katzen sind und keine giftigen oder schädlichen Substanzen enthalten. Der Wasserbereich sollte leicht zugänglich und sicher sein, um das Risiko von Unfällen zu minimieren.

ERFRISCHENDES KATZEN-EIS

Biete deiner Katze an heißen Tagen eine kühle Erfrischung mit selbstgemachtem Katzen-Eis. Verwende katzenfreundliche Zutaten wie spezielle Katzenmilch oder pürierten Fisch, um eine lactosefreie Leckerei zu kreieren. Das Eis ist nicht nur eine köstliche Abkühlung, sondern fördert auch das Wohlbefinden deiner Katze.

DU BENÖTIGST:

- Katzenmilch oder pürierter Fisch
- Eiswürfelformen
- Pürierstab (für das Pürieren des Fisches)

ANLEITUNG:

1. Püriere den Fisch oder verwende flüssige Katzenmilch direkt.

2. Fülle die Masse in Eiswürfelformen.

3. Lasse das Eis im Gefrierfach fest werden.

4. Serviere das Katzen-Eis leicht angetaut, um Zahnprobleme zu vermeiden.

TIPP

Achte auf moderate Portionen, um die Ernährung deiner Katze ausgewogen zu halten. Vermeide Zutaten wie Zucker oder Schokolade, da diese für Katzen ungesund sind.

FENSTERPLATZ-KINO

Schaffe einen Fensterplatz als privates Katzenkino, wo deine Samtpfote das bunte Treiben der Natur oder der Stadt beobachten kann. Dieser einfache, aber effektive Spot bietet visuelle Stimulation und Unterhaltung, ideal für die natürliche Neugier deiner Katze.

DU BENÖTIGST:

- Gemütliches Kissen oder eine weiche Decke
- Sicheres Fensterbrett oder eine erhöhte Plattform

ANLEITUNG:

1. Wähle ein Fenster mit sicherem Zugang und interessanter Aussicht.

2. Richte das Fensterbrett oder eine nahegelegene Plattform mit einem Kissen oder einer Decke ein.

3. Sorge dafür, dass deine Katze bequem sitzen oder liegen kann, während sie nach draußen schaut.

TIPP

Platziere eventuell ein Vogelhaus oder Pflanzen in der Nähe des Fensters, um das Interesse deiner Katze zu wecken und das Beobachtungserlebnis zu bereichern.

GESUNDER KATZEN-SMOOTHIE

Bereite einen nährstoffreichen Smoothie für deine Katze vor, der aus katzenfreundlichem Gemüse und Fleisch besteht. Diese flüssige Köstlichkeit ist nicht nur eine willkommene Abwechslung im Speiseplan, sondern unterstützt auch die Hydration und versorgt deine Katze mit wichtigen Vitaminen.

DU BENÖTIGST:
- Mixer oder Pürierstab
- Katzenfreundliches Gemüse (z.B. gekochte Karotten)
- Gekochtes Fleisch (Huhn oder Pute ohne Gewürze)
- Wasser oder ungewürzte Fleischbrühe

ANLEITUNG:
1. Koche das Gemüse und das Fleisch vor und lass es abkühlen.
2. Gib das gekochte Gemüse und Fleisch in den Mixer.
3. Füge ein wenig Wasser oder Fleischbrühe hinzu, um eine smoothie-ähnliche Konsistenz zu erreichen.
4. Püriere die Zutaten, bis ein glatter Smoothie entsteht.
5. Serviere den Smoothie in kleinen Portionen, um deine Katze zu erfrischen.

TIPP

Stelle sicher, dass alle Zutaten sicher für Katzen sind und vermeide die Zugabe von Zwiebeln, Knoblauch oder stark gewürzten Lebensmitteln.

KATZEN-POESIE-ABEND

Veranstalte einen Katzen-Poesie-Abend, indem du deiner Katze aus einem Buch vorliest oder ihr Geschichten erzählst. Deine ruhige, beruhigende Stimme wird nicht nur die Entspannung fördern, sondern auch die Bindung zwischen euch stärken.

DU BENÖTIGST:

- Buch mit Gedichten oder Geschichten
- Gemütlicher Leseplatz

ANLEITUNG:

1. Suche ein ruhiges Plätzchen, wo du und deine Katze ungestört seid.

2. Wähle ein Buch mit sanften Geschichten oder Gedichten.

3. Lies mit ruhiger Stimme vor, während deine Katze neben dir oder auf deinem Schoß liegt.

4. Nutze diese Zeit auch, um gelegentlich sanfte Streicheleinheiten zu geben.

TIPP

Beobachte, wie deine Katze auf verschiedene Geschichten oder Gedichte reagiert. Manche Katzen zeigen vielleicht eine Vorliebe für den Rhythmus oder Klang bestimmter Worte.

GEMEINSAME PFOTENKUNST

Schaffe ein einzigartiges Kunstwerk mit deiner Katze, indem ihr zusammen zeichnet. Platziere einen Bogen Papier auf dem Boden und benutze ungiftige, katzensichere Farbe für die Pfoten deiner Katze. Beobachte, wie die Spuren auf dem Papier ein gemeinsames Meisterwerk entstehen lassen.

DU BENÖTIGST:

- Großes Blatt Papier
- Ungiftige, katzensichere Farbe
- Feuchte Tücher zur Reinigung

ANLEITUNG:

1. Breite das Papier auf einem sauberen, ebenen Boden aus.

2. Tupfe vorsichtig etwas ungiftige Farbe auf die Pfoten deiner Katze.

3. Lass deine Katze über das Papier laufen und spielen, wobei sie bunte Abdrücke hinterlässt.

4. Reinige die Pfoten deiner Katze sofort nach dem Malen mit feuchten Tüchern.

TIPP

Wähle Farben, die im Kontrast zum Papier stehen, um die Kunstwerke hervorzuheben. Dies ist eine spielerische Aktivität, die Geduld erfordert — zwing deine Katze nicht dazu, wenn sie nicht interessiert ist.

GEMEINSAME MEDITATION

Finde Ruhe und innere Balance mit einer gemeinsamen Meditationssession mit deiner Katze. In der Stille eines ruhigen Raumes, begleitet von der beruhigenden Anwesenheit deines Vierbeiners, könnt ihr beide Entspannung und Frieden finden.

DU BENÖTIGST:

- Ein ruhiger, bequemer Raum
- Meditationskissen oder –matte

ANLEITUNG:

1. Suche einen stillen Ort in deinem Zuhause, frei von Ablenkungen.

2. Setze dich bequem auf ein Kissen oder eine Matte und lade deine Katze ein, sich zu dir zu gesellen.

3. Schließe die Augen, atme tief ein und konzentriere dich auf deine Atmung.

4. Lass die ruhige Energie deiner Meditation auch auf deine Katze übergehen.

TIPP

Es ist normal, dass Katzen anfangs neugierig sind und sich bewegen. Mit der Zeit und regelmäßiger Praxis werden sie sich wahrscheinlich deiner Ruhe anpassen und diese stillen Momente ebenso genießen.

ABENDLICHES ENTSPANNUNGSRITUAL

Beschreibung:

Gestalte eine abendliche Entspannungsroutine, die deiner Katze hilft, zur Ruhe zu kommen. Sanfte Musik, gedimmtes Licht und liebevolle Streicheleinheiten schaffen eine Atmosphäre der Gelassenheit und fördern einen ruhigen Übergang in die Nacht.

DU BENÖTIGST:

- Abspielgerät für sanfte Musik
- Dimmbares Licht oder Kerzen (sicher aufgestellt)
- Bequemer Sitz- oder Liegeplatz

ANLEITUNG:

1. Dimme das Licht in einem ruhigen Zimmer, um eine beruhigende Umgebung zu schaffen.

2. Spiele leise, entspannende Musik, die speziell für Katzen angenehm ist.

3. Lade deine Katze zu einem gemütlichen Platz neben dir oder auf deinem Schoß ein.

4. Verbringe Zeit damit, deine Katze sanft zu streicheln, wobei du besonders beruhigende Bereiche wie hinter den Ohren oder um die Wangen berücksichtigst.

TIPP

Mache dieses Ritual zu einem festen Bestandteil eures Tagesablaufs. Die regelmäßige Wiederholung fördert das Gefühl der Sicherheit und Geborgenheit bei deiner Katze und hilft ihr, sich auf eine erholsame Nachtruhe einzustimmen.

NACHWORT

Wenn du es bis hierher geschafft hast, dann habt ihr, du und deine Katze, gemeinsam eine Reise voller Spiele, Lachen und Bindung erlebt. Dieses Buch war gedacht als Brücke zwischen zwei Welten — der menschlichen und der katzenartigen — und als Wegweiser zu unzähligen Momenten des Glücks und der Nähe. Es war eine Einladung, die tägliche Routine zu durchbrechen und die einzigartige Beziehung, die ihr teilt, auf eine neue, spielerische Ebene zu heben.

Vielleicht habt ihr unterwegs entdeckt, dass die besten Spielzeuge nicht immer gekauft werden müssen und dass die schönsten Erinnerungen oft aus den einfachsten Momenten entstehen. Hoffentlich fühlt ihr euch nun inspiriert, weiterhin kreativ zu sein, die Neugier eurer flauschigen Gefährten zu wecken und jeden Tag als eine neue Chance für Abenteuer und Verbindung zu sehen.

DEINE MEINUNG ZÄHLT

Bevor du dieses Buch zurück ins Regal stellst (oder es vielleicht sogar einem Freund empfiehlst, der auch das Glück hat, sein Leben mit einer Katze zu teilen), hätte ich eine kleine Bitte an dich:

Würdest du dir einen Moment Zeit nehmen, um eine ehrliche Bewertung auf Amazon zu hinterlassen?

Dein Feedback ist nicht nur für mich als Autorin wertvoll, sondern hilft auch anderen Katzenliebhabern, die auf der Suche nach Wegen sind, ihre Beziehung zu ihren pelzigen Freunden zu vertiefen.

Teile deine Erfahrungen, deine Lieblingsaktivitäten aus dem Buch und wie es euch beiden gefallen hat. Jede Bewertung zählt und macht es möglich, dass noch mehr Menschen und Katzen zusammenfinden und gemeinsam wachsen können.

Um eine Bewertung auf Amazon zu hinterlassen, scanne einfach den QR-Code, klicke auf "Rezension erstellen" und wähle das Buch aus.

Danke, dass du und deine Katze Teil dieses Abenteuers waren.

Bis zum nächsten Spiel!

Deine Laura

IMPRESSUM

© Laura Schmidt

Das Werk ist urheberrechtlich geschützt. Jede Verwendung ohne die ausschließliche Erlaubnis des Autors ist untersagt. Dies gilt insbesondere für Vervielfältigung, Verwertung, Übersetzung und die Einspeicherung und Verarbeitung in elektronischen Systemen.

Für Fragen und Anregungen:
info@dulangon-verlag.de

ISBN: 978-3-910661-30-1

Originalausgabe
Erste Auflage 2024
© 2024 Imprint der Dulangon LLC, St. Petersburg, US

Redaktion: Marianne Link
Lektorat und Korrektorat: Laura Schmidt
Covergestaltung: Danileoart, www.danileoart.com
Satz und Layout: Danileoart